諷 詩 調 · 13

物神時代 · II

박진환 제31시집

지성 · 감성의 메타언어
조선문학시인선 · 293

諷 詩 調 · 13

物神時代 · II

조선문학사

物神時代와 諷詩調

1. 전제

物神이란 어떤 물건에 초자연적인 힘이 있다고 믿는 데서 이루어진 말이다. 그 때문에 한때는 이 믿음의 개념으로 物信이란 용어로 쓰이기도 했으나 차차 精神에 대응되는 개념인 物神으로 정착돼 오늘날엔 정신의 대응 개념으로 즐겨 쓰이고 있다.

초자연적인 힘을 지닌 물건, 그것을 믿고 더 나아가 신격화하며 物神의 숭배로까지 떠받들게 된 物神의 正体는 과연 무엇일까? 이를 밝히기 위해서는 인류가 즐겨 拜金主義이니, 황금만능 사상이라고 입에 올렸던 拜金主義와 思想을 들여다 볼 필요가 있다.

배금주의란 돈을 인생에 가장 존귀한 것으로 생각하고 돈의 축적을 인생의 목적으로 여기는 황금 숭배사상을 일컫는 말이다. 황금만능 사상도 그 표현은 다르지만 돈만 있으면 만사를 마음대로 할 수 있다는, 돈의 권능을 마치 신의 전능처럼 여기는 개념을 바탕으로 해서 이루어진 말이다.

여기에서 배금과 황금은 그 표현은 각기 다르지만 돈의 위력을 신봉한 나머지 돈을 신격화 한데서 비롯된 주의나 사상이었다는 점에서 物神의 正体가 다름 아닌 돈이었다는 점에 귀결된다. 이를 달리 명명하는 것으로 錢神論이 있는데 이는 物神보다 더 적극적이고도 직접적으로 돈을 신격화한 말이라고 할 수 있다.

錢可通神이란 말이 있다. 돈이면 신이라도 통할 수 있다는 말이니 이는 돈으로 신도 움직일 수 있다는 말이 된다. 전능한 신도 움직일 수 있는 돈의 권능으로 보면 황금만능 사상이 허사가 아님을 알 수 있게 하고, 황금의 위력 앞에 무릎을 꿇을 수밖에 없는 인간에게 돈은 神이 될 수밖에 없게 된다. 이점에서 錢神이나 物神은 설득력을 지닌다고 할 수 있다.

일찍이 노신(魯迅)이 날개 없이 날고, 발 없이 달린다고 돈의 전능성을 錢神論을 빌어 피력했던 것이나, 돈의 권능을 절대적 위력으로 파악했던 도스트예프스키의 견해나, 돈을 유일한 제왕이라는 영국의 격언은 物神의 主體가 돈이라는 것을 측면적으로 웅변해 준 것이라 할 수 있다.

이러한 物神에 대응되는 개념이 精神이다. 정신은 인간의 내면적인 작용이 마음을 지배하는 능력으로 풀이한다. 이러한 사전적 풀이와는 달리 철학적으로는 물질적인 것을 초월한 우주의 근원적 존재로 파악한다. 그리고 이러한 물질 초월의 힘으로 錢神이나 物神의 힘을 지배하고 극복하려는 정신지향을 精神主義라 일컫는다.

물질적 초능력으로서의 物神과 이를 지배하고 극복하려는 초능력으로서의 정신은 전자의 경우 유물주의, 후자의 경우 유심론, 정신론을 중심으로 물질에 정신을 선행시키는 이즘화로 확대 지향되기도 했다. 그리고 이 두 이즘은 현대라고 하는 과학문명시대에 접어들면서 인간의 가치 척도의 변화와 수용의 강도에 따라 양극화를 분명히 하면서 현대인들의 삶의 기준으로 작용하고 있다.

현대를 일컬어 흔히 物神時代라고 한다. 물질적 가치가 정신적 가치에 선행한다는 뜻인데 이는 물질적 가치에 밀려 정신적 가치가 뒷걸음질 치고 있다는 반증이 되어준다. 물질적 가치의 선행은 모든 가치 척도가 물질에 의해 주도 · 관장 · 척도된다는 것을 의미한다. 상대적으로 정신적 가치가 설 자리를 상실함으로써 서서히 소멸되어갈 수밖에 없게 되고, 이것이 또한 물신시대의 현상이자 현실이기도 하다.

물질적 가치의 선행은 필연적으로 경제적 부를 축적하게 되고, 물질적 부에 의해 정신적 삶이 지배되기 마련이게 된다. 이 지배의 힘이 다름 아닌 물신이고, 지배의 힘에 의존하고 있는 현대인들은 돈을 신앙하는 물신숭배에 잘 길들여져 갈 수밖에 없게 된다.

정신의 통제력으로부터 해방된 자유에 의해 정신은 추방되고, 정신의 추방과 함께 도덕이니, 윤리니, 인륜이니 하는 정신 덕목들은 유형의 길에 들어 설 수밖에 없게 된다. 정신적 가치의 퇴화와 함께 정신적 황폐와 정신공황이 필연화 하게 된 셈이다.

세상은 온통 돈에 의해 지배되고 物神思想의 이념으로 무장된다는 M.베에버의 말처럼 "돈은 군주중의 군주"라는 군주하의 전제 통치를 자초하게 된다. 가진 자들에 의해 자행되는 약육강식과 힘에 의한 새로운 지배논리가 대두된다. 패권주의가 세계를 지배하게 되고, 지배계층과 피지배계층이 대립되는 갈등의 양극화가 일어난다. 힘의 역학을 중심으로 세계의 역학 구도가 분열되고, 분열에 의한 갈등과 대립과 경쟁을 첨예화 한다. 평화나 공존보다는 힘의 우위를 선행시킨 경쟁은 우주 경쟁 · 핵 경쟁 · 신무기 경쟁 등에 의해 세계 질서를 악의 축으로 돌리는가 하면 세계를 경쟁의 톱니바퀴에 물리게 해 불안과 공포를 조장하게 하고 있다. 그런가 하면 오존층의 파괴, 환경오염, 지구 온난화 등을 초래해 인류를 죽음의 포위망에 갇히게 하는 위기의식에 떨게 하고, 인류 복지를 외면함으로써 재앙을 면치 못하게 하는 악의 온상화가 된 것이 사실이고 현실이다.

어디 이뿐인가. 정신 덕목의 상실이 가져다 준 패륜·살인·강간·사기·폭력을 비롯한 온갖 악행이며 공직자 축재를 비롯한 부정·부패 등 비리와 부조리등도 物神時代의 대표적 병폐이기도 하다.

크게는 시대적 부조리와 과학 문명에 수반한 자연 파괴와 환경오염, 힘의 논리를 선행시킨 패권주의의 만행을 비롯해 도덕적 무장이 해제된 정신 위기가 몰고 온 온갖 악행 등은 우리가 살고 있는 물신시대의 현실을 잘 말해주고 있다.

문제는 이러한 시대를 살아가면서 시인의 역할은 무엇이어야 하는가 하는 점이다. 생각하기에 따라서, 시관이나 시의 역할론, 미학적 견해에 따라서 각각 입장을 달리 할 수 있을 것이다. 시를 어떤 위상에 올려놓고 보아야 할 것이냐에 따라 관점이나 입장은 각기 달리 할 수 있을 것으로 보여지기 때문이다.

2. 諷詩調와 痛懲

필자는 諷詩調의 입장에서 物神時代의 시의 역할을 말하

고자 한다는 점을 미리 밝히면서 物神時代와 諷詩調에 대한 견해를 밝히고자 한다.

諷詩調의 미학적 생명은 痛懲에 있다. 통징은 단순한 징벌이나 엄벌류의 통징이 아닌 '순수한 통징', 달리 말하면 문화적 수단으로 감행한 징벌쯤이 된다. 일찍 단테가 옛 가문에서 태어나고도 생활은 비참했고, 탁월한 지배자가 되고 싶었으나 식객으로 떠돌아야 했으며, 교회의 도덕적 개혁 의지는 좌절되었고, 고향 피렌체마저 그의 귀향을 거부함으로써 굴욕과 비참과 불귀의 아픔들을 보상받기 위해 시로써 보복을 감행한 것이 『神曲』이었다는 사실은 익히 알려져 있는 바이다.

여기에서 '시로써 감행한 보복'은 달리 문화적 수단을 빌어 감행한 통징으로 받아들일 수 있다. 일종의 자구수단으로서의 디펜스 메커니즘이었던 셈인데 이점에서 순수한 통징은 문화적 수단인 시로써 감행한 보복을 성립시키게 된다.

諷詩調의 미학적 생명도 바로 시로써 감행한 복수나 보복에 있다. 시대적 비리나 부조리는 물론 위기에 처해 있는 현실적 악행 등의 위협에 대처하고자한 디펜스 메커니즘의 동원이 곧 통징이 되어주기 때문이다.

부조리나 비리나 악행을 앞에 하고도 이를 행동 차원의 징벌을 감행 수 없었을 때, 또 그런 능력을 지니지 못함으로써,

법적 고발이나 물리적 힘으로 대처하지 못했을 때 체험하는 무기력이 동원할 수 있는 수단이 단테의 시의 보복에서 볼 수 있었듯이 문화적인 수단을 빈 통징의 감행이다. 법이나 물리적인 힘이 아닌 문화적 수단으로서의 복수나 보복의 감행이 곧 통징이고 諷詩調는 이 통징을 시학이나 시법으로 하고 있다. 여기에서 간과해서는 안 될 것이 하나 있다. 보복이나 복수, 혹은 통징의 외형 뒤에는 비리나 부조리나 악행 등의 개선을 통해 정신적 카타르시스를 체험하거나 체험함으로써 감동에 값하게 하고자 하는 보상성이 작용하고 있다는 점이다. 그 때문에 밖으로 드러난 공격성과는 달리 그 이면에는 악의 교정이라는 따뜻한 휴머니즘이 작용하게 된다.

3. 몇 개의 양태로 본 諷詩調의 통징

첫째로 감행된 諷詩調의 통징은 물신 숭배나 배금주의에 대한 보복이다.

가)먹어도 처먹어도 못면하는 물신의 시장끼
세끼 밥으로 부른 배는 얼마나 정직한가
처먹고도 못면한 시장끼는 들어있어도 떼거지가 들어있음이다

나)가진자는 쓰면쓴만큼 불어나고, 못가진자는 못쓴대도 줄어든다

어찌하여 쓴대도 불어나고 못쓴대도 줄어드는 것일까
알아두게나, 아도물의 셈본 책엔 보태기뿐이거든

시집 『物神時代 · I』에서 아무렇게나 골라 본 물신숭배에 감행한 통징이다. 예시 가)에서는 한계를 모르는 '물신의 시장끼'와 세끼 밥으로 만족할 줄 아는 육신을 대비시켜 物神에 굶주리고 있는 돈에 걸신 들린 현대인들의 속성을 비꼬고 있다. 그리고 나)는 부조리한 부익부, 빈익빈의 세태를 역설적으로 비아냥 하고 있는데 종행 '알아두게나, 아도물의 셈본 책엔 보태기뿐이거든'이라는 비꼼이 그러하다. 배금주의자들 사전엔 보태기밖에 없다는 이 역설은 배금주의를 꼬집고 깎아내리기를 동원한 통징이라고 할 수 있는데, 두 예시는 다 같이 물신숭배자들이 공유하고 있는 대표적 속성이란 점에서 이를 모독함으로써 카타르시스를 체험하게 하는 보상성 통징이라고 할 수 있다.

두 번째로는 배금주의에 감행한 통징을 제시해 본다

가) 차마 팔지는 못했지만 저당 잡힌지는 이미 오래다
뭐냐고? 황금과 맞바꾼 양심이란 것이지
物神時代에는 양심이란 보따리가 짐만 되거든

나) 선채로 녹물을 뒤집어 쓴 가을이 걸어가고 있다

발자국마다 떨어뜨리고 간 금비늘
쉿독 올라 부끄러운 손들이 줍는 황금조각, 부정이나 안 탈지

物神時代에는 양심을 지니거나 지키고 산다는 것은 고달픈 삶일 수밖에 없데 된다. 적당히 살고 눈치껏 살며 더러는 스스로를 버리고 살아야 삶을 유지할 수 있기 때문이다. 그 때문에 차마 팔아 치울 수는 없지만 저당 잡혀 맞바꾼 황금으로 살 수밖에 없는 것이 물신시대에 어울리는 삶이다. 양심대로 양심을 지키며 사는 고통스런 삶보다 황금으로 살아가는 편리한 삶이 삶의 미덕으로 받아들여지기 때문이다. 이 점에서 '양심이란 보따리는 짐'이 되기 마련인데 예시 가)는 양심과 맞바꾼 황금을 제시함으로써 황금만능주의나 배금주의에 잘 길들여진 현대인의 삶을 조소와 비아냥으로 통징하는 것이 된다.

예시 나)는 가로수가 떨어뜨린 낙엽을 순수의 황금 조각으로 제시, 배금주의의 손때가 묻은 손으로 줍게 함으로써 황금만능의 물신주의에 오염돼 부정이나 타지 않을지 라고 우회적 수법의 온건한 통징을 감행하고 있는데 자연의 순수와 물신의 오염을 대비시킨 통징의 온건함을 설득력의 효과로 노리고 있다.

셋째로 물신의 가치에 밀려 사양되어 가고 있는 정신적 가

치 부재에 감행한 통징의 시편을 제시해 본다.

가) 심장도 팔고, 콩팥도 팔고, 피도 파는 세상인데
팔고 싶어도 살 놈이 없어 못 파는 비위나 양심
탓하지 마시게, 쓸모가 없어서 그래, 그것 없이도 잘 살 거든

나) 정신과의 전쟁, 양심과의 전쟁은 고전이다
신식으론 살과의 전쟁
히히, 그것도 살이라고 핏대 세워 포신 흉내하며 불뿜기를 즐기고

예시 가)는 양심의 부재를 나)는 정신적 무장해제에 따른 육체적 관능의 쾌락을 대비시키고 있다. 가)의 물신시대에 횡횡하고 있는 돈만 되면 심장도 콩팥도 눈도 피도 팔고 사는 비정성은 양심의 가치에 의존하지 못한 체 황금에 의존해 살아가는 삶의 단면을 보여준 것으로 볼 수 있다. 팔고 싶어도 살 놈이 없는 쓸데없게 된 양심과 비위는 단적으로 이를 말해주고 있는데 한마디로 양심의 부재, 양심의 가치척도 상실이라는 정신적 삶의 황폐성을 말해주는 것이 된다. 이를 폭로하고 고발하는 통징 또한 그 이면에는 양심의 가치 회복을 희망하는 보상성 심리가 작용하고 있다고 보아야 한다. 이 점에서 통징은 양심 부재에 대한 디펜스메커니즘이 될 수 있게 된다.

예시 나)는 쓸모없게 된 양심과는 달리 정신적 통제로부터 해방된 육체는 힘의 과시와 함께 관능적 쾌락을 추구하게 되고, 그 과정에서 성의 폭력, 성의 모독인 성매매까지를 자행하는 악의 온상으로 성이 대두하게 된다. 그래서 정신, 양심과의 전쟁은 고전이 되고 신식으론 살과의 전쟁이라는 등식은 성립된다. 그 등식의 주체가 핏대 세운 '그것'이다. 해석이야 어떻든 정신대신 육체가 판을 치는 '物神時代'의 세태적 단면을 고발함으로써 통징을 감행한 셈이다.

넷째 물신과 배금, 정신과 육체가 자행하는 비리 · 부조리 · 악행 말고도 물신시대의 악의 요소들은 많다. 그중에서도 첫 번째가 패권주의가 저지른 만행에 가까운 악행이다. 세계 평화니, 인류 복지니 하는 가면 뒤에 침략 야욕을 숨기고 저지른 패권주의의 침략 행위는 잔인한 악행이다. 힘을 앞세워 처 들어간 이라크 침공이 그러하고 티베드 침공이 또한 그러하다. 그럴듯한 명분으로 포장한 침략으로 인류평화니 세계 복지니 하는 따위는 살상과 탄압의 악행의 얼룩으로 상처만 남긴 현실을 우리는 알고 있다. 그렇다고 무기의 힘으로 밀어붙인 침공만이 침공이 아니다. 국력을 앞세워 몰아붙인 압력의 포위망도 그렇고 갖은 제재를 가해 굴복시키려고 하는 것도 패권주의가 저지른 악의 일단이다.

시를 제시해 본다.

가) 미 : 6자회담에 복귀해, 북 : 영원히 안돌아가
미 : 모든 제재수단 다 동원, 더 힘껏 죄어
북 : 히히, 그게 무슨 밧줄인가, 삭은 동앗줄이지

나) 미는 북녘 뒤에 큰 키로 서 있는 장골라 보고
중은 남녘 뒤의 노린내나는 양키를 보고
허리도 못 펴고 등 굽은 반도가 무슨 寶庫라고 보고보고 넘보고

예시 가)는 6자회담을 미국의 의도대로 이끌어 내기 위해 북에 갖은 압력 수단을 동원, 당근과 채찍이라는 카드를 꺼내들었지만 요지부동, 되레 '히히, 그게 무슨 밧줄인가, 썩은 동앗줄이지'라고 미의 압박을 조소와 비아냥으로 받아 넘기고 있다. 그리고 예시 나)는 미・중이 한반도를 사이에 두고 벌이는 일종의 주도 다툼이랄까, 대립각 속의 속내랄까를 넌지시 비아냥하는 온건한 통징의 감행으로서 이 또한 G2라는 강대국이 벌이는 패권주의의 한 단면을 보여준 것이 된다. 이는 은근히 비꼬는 통징이다.

다섯째로 감행 대상이 된 것은 분단에 대한 통징이다. 먼저 시부터 제시해 본다.

가) MB통일세놓고 여는 떨떠름, 정부는 무대책, 주무 부처는 제각각
야에선 뜬구름이란 반응이던데 정작 북녘의 반응은?

헛소리마시라우, 적화통일 되면 돈한푼 안들텐데 무슨 헛소리

나) 대화로도, 회담으로도, 정치, 경제로도 안통한 북녘
미도, 소도, 중도, 쌀도, 기름도 안통해
다만 통하는 것 하나있지, 玄金

북의 체재 붕괴나 합의 통일이나 그 어떤 경우에도 이를 수용해야 하는 남녘으로선 통일에 대비할 수 있는 자금 마련이 필요했고, 그 대책으로 통일세를 신설하자는 MB제안에 여야는 물론 주무 부서도 각기 반응이 엇갈리는가 하면 갈팡질팡 가닥을 잡지 못하기도 했다. 그 와중에서도 궁금한 건 당사자인 북녘의 태도였다. 이를 가상하고 꾸며낸 코멘트가 '헛소리 마시라우'를 화두로 꺼낸 '적화통일되면 돈 한푼 안 들텐데 무슨 헛소리'냐다. 물론 이는 사상의 코멘트지만 역시 성숙되지도 않는 통일세 자체가 가상이었다는 섬에서 가상을 가상으로 재구성해 낸 부정적 태도로 남북분단을 비판하는 통징의 몫을 담당하고 있다.

예시 나)의 경우는 채찍과 당근으로도 꿈쩍 않던 북이 현금이라는 카드에는 약했다. 돈벌이에 급급하고 있다는 뜻인데 이를 빌어 펀(pun)으로 재구성한 것이 現金을 玄金으로 바꿔치기 한 것이다. 現金과 玄金은 소리값은 같으나 의미는 전혀 다른 일종의 언어유희다. 이 또한 통징에 값하고 있다

고 할 수 있다.

여섯째로 대상화 하고 있는 것이 공직자의 비리에 대한 통징의 감행이다.

가) 털어서 먼지 안난 사람 있나란 옛말 허사가 아닌 것이
정승감, 제상감, 예외 없이 의문 · 의혹 · 헛점 투성이
물이 너무 맑아도 고기가 안논다지만 흐려도 어지간히 흐려야지

나) 과정은 불법이나 결과는 합헌이란 헌제의 판결
돈벌기 위해 저지른 악, 돈 벌었으면 선이 되는 격
격 높은 최고 판결 놓고 격 낮은 상식만도 못하다는 세평이던데

예시 가)는 청문회 때 총리, 장관 지명자들이 드러낸 의문, 의혹, 허점 등이 공직사회의 혼탁을 반증한 것으로 받아들이게 했다. 한 사람의 청백리도 찾아 볼 수 없었던 청문회는 국민들에게 불신과 불법성을 안겨줌으로써 비난과 조소와 비아냥의 대상이 되기에 충분했다. 이를 조소하기 위해 '물이 너무 맑아도 고기가 안 논다지만 흐려도 어지간히 흐려야지'라는 야유로 감행한 비아냥의 통징이다.

예시 나)는 사법부의 비리나 그릇된 판단이 가져다 준 법의 공정성과 불법성을 비아냥한 것이다. 법정에 던지는 야유 중 유전 무죄라느니 상식에도 못 미치는 판결이라느니 하는

비판의 소리는 일찍이 있어왔다. 헌데 원인은 유죄, 결과는 무죄라는 납득하기 어려운 판결이 나왔고, 이에 국민들은 의아하다 못해 당황하기도 했다. 상식은 고사하고 상식이하의 판결이었기 때문이다. 이를 '격 높은 최고 판결'과 '격 낮은 상식'으로 상층시켜 세평의 육성으로 응징하고자 한 것이 예시다.

일곱 번째로 제시하고 싶은 대상은 기타에 속하는 생활주변이나 일상에서 접하는 비리나 부정 등을 대상으로 한 통징이다.

가) 해외선교다, 해외봉사다, 해외자 앞에 붙여야만 봉사던가
그러다 불행한 이웃 못 보면 진짜 봉사 못 면해
눈먼 봉사 되지 말고 눈뜬 봉사로 사랑 실천해야 진짜 봉사지

나) 꼴값하다는 말 있지, 이 시대의 존경어야
너 나 없이 꼴에 맞춰 꼴값하는 세상
그게 무슨 꼴이냐구? 거지꼴

다) 物神시대가 풍기는 저 냄새가 무슨 냄새더라
선생님의 전매 특허품 諷字慓 악취
히히, 비위만 성한 줄 알았더니 코까지 성해서

예시들은 일상 주변에서 흔히 보고, 느끼고, 경험하는 부

조리 하거나 비리 내지 악의 요소들이다. 예시 가)에서의 해외선교는 교회의 전매특허품이다. 물론 가난한 나라를 찾아가 봉사하고 선교로써 신앙심을 심어주는 것도 훌륭한 선교다. 헌데 정작 외면해선 안될 불행한 이웃들이 우리 주변엔 외면된 채 산재해 있다. 진정한 봉사는 먼 나라가 아니라 눈앞의 가까운 이웃들이 아닐까? 헌데도 해외로 해외로만 나가는 것이 이 땅의 교회 풍토다. 이에 대한 비판을 곁들여 본 통징이다.

예시 나)는 세상 도처에 꼴불견이 많다. 제멋대로 살아가는 판이어서 이미 제대로 살아가는 전형이 파괴된 때문이다. 사나운 꼴을 보면 흔히 내뱉는 말로 거지꼴이란 말로 비아냥하거나 깎아내리기 마련이다. 세상이 온통 거꾸로 돌아가는 판이니 거지같은 세상일밖에 없게 되고 그 꼴인즉 거지꼴이 아니던가.

예시 다)는 세상이 온통 비위를 상하게 하는 악취로 뒤덮여 있다. 物神物神 썩어가는 시궁내를 비롯해 오염된 환경이 배설해 낸 토사물의 비린내며 돈에 환장해버린 銅臭 등 도처에 비위에 거슬리는 악취뿐이다. 비위가 성한 사람들은 견디기 힘든 것이 사실이고 이를 맡아내는 성한 코로는 숨쉬기가 어려운 지경이다. 한데 살아있는 비위나 성한 코가 되레 원망스러운 지경이니 세상이 썩어도 푹 썩었기 때문이다. 그것이 다름 아닌 物神物神 씩어가는 현실로서의 오늘날의 세상이다.

4. 결어

이상의 진술은 諷詩調集 『物神時代 · I』에 수록된 시편들을 통해 조명해 본 物神時代와 諷詩調에 대한 필자의 견해란 점을 밝혀두면서 諷詩調의 생명이 '순수한 통징'에 있음을 강조하기 위한 의도에서 씌어졌음을 첨기해둔다.

2011년 初夏

박 진 환

박진환 제31시집 / 諷詩調 · 13

物神時代 · II

차례

책머리에 · 5

物神時代 · 134 · 27
物神時代 · 135 · 28
物神時代 · 136 · 29
物神時代 · 137 · 30
物神時代 · 138 · 31
物神時代 · 139 · 32
物神時代 · 140 · 33
物神時代 · 141 · 34
物神時代 · 142 · 35
物神時代 · 143 · 36
物神時代 · 144 · 37
物神時代 · 145 · 38
物神時代 · 146 · 39
物神時代 · 147 · 40
物神時代 · 148 · 41
物神時代 · 149 · 42
物神時代 · 150 · 43
物神時代 · 151 · 44
物神時代 · 152 · 45

物神時代 · 153 · 46
物神時代 · 154 · 47
物神時代 · 155 · 48
物神時代 · 156 · 49
物神時代 · 157 · 50
物神時代 · 158 · 51
物神時代 · 159 · 52
物神時代 · 160 · 53
物神時代 · 161 · 54
物神時代 · 162 · 55
物神時代 · 163 · 56
物神時代 · 164 · 57
物神時代 · 165 · 58
物神時代 · 166 · 58
物神時代 · 167 · 60
物神時代 · 168 · 61
物神時代 · 169 · 62
物神時代 · 170 · 63
物神時代 · 171 · 64
物神時代 · 172 · 65
物神時代 · 173 · 66
物神時代 · 174 · 67
物神時代 · 175 · 68
物神時代 · 176 · 69
物神時代 · 177 · 70
物神時代 · 178 · 71
物神時代 · 179 · 72
物神時代 · 180 · 73
物神時代 · 181 · 74

물신시대 · 182 · 75
물신시대 · 183 · 76
물신시대 · 184 · 77
물신시대 · 185 · 78
물신시대 · 186 · 79
물신시대 · 187 · 80
물신시대 · 188 · 81
물신시대 · 189 · 82
물신시대 · 190 · 83
물신시대 · 191 · 84
물신시대 · 192 · 85
물신시대 · 193 · 86
물신시대 · 194 · 87
물신시대 · 195 · 88
물신시대 · 196 · 89
물신시대 · 197 · 90
물신시대 · 198 · 91
물신시대 · 199 · 92
물신시대 · 200 · 93
물신시대 · 201 · 94
물신시대 · 202 · 95
물신시대 · 203 · 96
물신시대 · 204 · 97
물신시대 · 205 · 98
물신시대 · 206 · 99
물신시대 · 207 · 100
물신시대 · 208 · 101
물신시대 · 209 · 102
물신시대 · 210 · 103

物神時代·211·104
物神時代·212·105
物神時代·213·106
物神時代·214·107
物神時代·215·108
物神時代·216·109
物神時代·217·110
物神時代·218·111
物神時代·219·112
物神時代·220·113
物神時代·221·114
物神時代·222·115
物神時代·223·116
物神時代·224·117
物神時代·225·118
物神時代·226·119
物神時代·227·120
物神時代·228·121
物神時代·229·122
物神時代·230·123
物神時代·231·124
物神時代·232·125
物神時代·233·126
物神時代·234·127
物神時代·235·128
物神時代·236·129

物神時代 · 134

세종시 이미 종쳤어
누구를 위해 종은 울리냐고? 글쎄, 헤밍웨이에게 물어봐
핸드폰 번호가 몇 번이더라

4대강 살리기는 살려야 할 모양이다
한강은肛江, 낙동강은낙똥강, 영산강은염산강, 임진강은임질강
강마다 죄다 이 지경이면 살려야 안되겠나

物神時代 · 136

개만도 못한 세상에 개만도 못한놈들이 벌이는 이전투구
개를 따르면 측간으로 간다더니
세상이 온통 구린내 천지인 소의가 이러하거늘

物神時代 · 137

21C 대명사는 기계
기계의 대명사는 스피드
스피드 기어에 물려 마멸되어가는 일그러진 우리들의 표정

物神時代 · 138

싸게 싸게, 핑핑 싸돌아다니니 어찌 뒤돌아볼 틈 있겠나
뒤돌아보지 않으니 어찌 옛것들 가까이 벗할 수 있겠나
뒤돌아봐야 옛분들 지혜 얻어 오늘을 사는 지혜 얻는건데

物神時代 · 139

예분들은 文 · 淸 · 兼 · 儉 · 信을 매미의 5덕이라 했거니
만물의 영장인 인간도 지니지못한 덕을 어찌 미물이 지녔는지
실덕하고 사는 연고로 매미울음 벗하기가 부끄럽다

物神時代 · 140

이 시대의 절대자는 만능 컴퓨터
컴자 놀음에 길들여진 절대자에의 맹신
여기 컴맹 하나 있으니 망신인지 불행인지

物神時代 · 141

고승들의 자비불심 입적하면 사리로 남는다는데
물신시대 사리사욕 이기심은 무엇을 남길까
마음의 眞寶사리아닌 私利의 동취나는 황금 남기겠지

物神時代 · 142

현대 다섯 차례나 연기하면서 성사시킨 방북
얻은 것에 비해 콧대 높여준 대가는 미미
어쨌건 특효처방 玄金은 이름 값은 못했지만 성 값은 했어

物神時代 · 143

사필귀정이란 말 정신이 살아있을 때의 말이지
지금은 정신 아닌 물신이 지배하는 시대
귀정이란 말 귀향간지 이미 오래, 돌아오지 못해

物神時代 · 144

도끼 하나와 바늘 하나 지니고 산다
욕망의 가지치기 위한 도끼와 구멍난 삶 짜깁기할 바늘
더 가져 무엇하랴, 이 둘이면 족한 것을

物神時代 · 145

돈만 있으면 만사형통이라고?
글쎄, 만만사 형통보다야 한 수 아래지
뭐냐고? 돈으론 못사는 마음의 평화지

物神時代 · 146

어떤 이는 억억으로 배불리고도 허천기 못면하고
어떤 이는 세끼 밥으로도 만복의 트림 즐기나니
이중 어떤 삶이 더 삶다운 삶이냐고 묻는다면? 잠꼬대지

物神時代 · 147

말곧행동은 옛등식, 지금은 등식아닌 등신들이나 믿는 말
말 따로 행동 따로가 현대식 등식이거든
등식 두고 등신 자청하는 꼬락서니라니

物神時代 · 148

선생님, 하루 시원스레 나들이 안하실래요?
안 그래도 더워 미칠 지경인데 이것아, 니가 불이란 걸 몰라
가슴에 불질러 열불낼 일 있냐

物神時代 · 149

휴가 다녀오셨어요?

안다녀 왔다 어쩔래

히히히, 웃지마라 웃음으로 포장해도 속보인다 속보여

物神時代 · 150

그러려니 하고 사는데도 역겹고 속상하다
그러려니 하고 사는데도 짜증나고 화난다
내 주어 그러려니는 언제쯤 그러려니로 바뀔수 있으려나

物神時代 · 151

경복궁 지하철 역 벽면에 즐비하게 진열된 시 읽어봤지
시다운 시가 없구나, 절로 한숨이 나오는데
달리는 전철도 시시에 하다까지 꼬리에 달고 부끄러워 내뺐다

物神時代 · 152

내 칩거의 동굴은 30여 평의 지하동굴
비록 퀴퀴하고, 습하고, 탁하고, 어둑하나
여름엔 냉방, 겨울엔 난방 걱정없으니 중 팔자는 안되겠나

物神時代 · 153

이기에만 급급하지 않고 더러는 손해도 보고 사는 삶
이타를 즐거움으로 알고 나누고 살 줄 아는 삶
그런 삶 부러워하고 벗하면 살만한 삶 아닐는지

物神時代 · 154

가면을 쓰고 산다는 것은 아름다운 일이다
스스로를 상실하고 사는 시대, 가면이 없다면 뭘로 대신할까
인생이란 광대들의 한판 놀음, 꼭두각시가 아니던가

物神時代 · 155

오후4시면 어김없이 십자가를 둘러매고 지나가는 이가 있다
비가 오나, 눈이 오나, 바람이 부나 몇 해째 한결같다
흉내일까? 연습일까? 자신과의 싸움일까? 헛수나 아닐지

物神時代 · 156

물신, 정신, 절대신, 신, 신, 신의 시대
신이 없다면 얼마나 외로울까
내게도 신 하나 있으니 屍身 아닌 詩神

物神時代 · 157

정신적인 삶과 육신의 삶 중
어느 편의 삶이 더 삶다운 삶이고 살아야 할 삶인가
허허, 어찌 삶을 쪼갠단 말인가, 하나여야 삶다운 삶인 것을

物神時代 · 158

물신의 正體는 ?

황금 !

아냐, 황금의 소유자인 인간, 그가 바로 신의 正體야

物神時代 · 159

錢可通神, 돈이면 귀신과도 통한단 뜻이지
헌데 순구식이야
신식으론 돈이 곧 전능의 신이거든

物神時代 · 160

철기시대엔 철을 다루는 대장장이가 영웅이었고
황금을 다루는 물신시대에는 황금 가진 자가 영웅이지
가진 것 없으니 영웅은 글렀고, 영웅 모시는 종이나 될까

物神時代 · 161

물신과 정신이 나누어 지배한 자구촌은 신앙촌
극락과 천당, 허구인가? 진실인가? 이상인가?
그걸 알면 신이게

物神時代 · 162

전등 하나 더 켜질 때마다, 풍차 하나 더 세워질 때마다
세상이 밝아지는 게 아니라 밤이 사라져 간다
사라진 달과 별 그리워하며 밝혀 벗하는 등불 하나

物神時代 · 163

살인강도만 마스크로 얼굴 가리는 줄 알았더니
웬걸, 너도 나도 상판대기 감추고들 살아
허긴, 도둑놈 한놈씩 맘속에 숨겨기르니 강도 아닌놈없음이지

物神時代 · 164

좀 뒤쳐지면 어떻고 , 좀 더디면 어떤가
서둘다 잘못 디딘 헛발질보다야 느려도 바른 행보여야지
신식아니면 어떤가, 구식으로 살아도 헛발질아닌 정도행이면 되지

物神時代 · 165

앞지르기, 새치기, 질러가기로 앞서가야만 목적지에 가닿던가
서둘지 않고 쉬임 없이 내딛는 헛발질 없는 발걸음
그런 행보가 가 닿는 곳이면 좀 늦은들 어떻겠는가

物神時代 · 166

함께 해야 할 자기성찰의 시간 밖으로 피투된
피투돼 스스로를 망각하고 살아가는 삶
스피디한 문명의 벨트 벗어나 구식으로 살면 그런 삶 극복될까

物神時代 · 167

어떻게 사는 것이 참 삶이고, 어떻게 살아야 참 삶이 될까?
평생 짊어지고 다니면서 끝내 내려놓지 못한 의문부
인생이란 스스로가 스스로에게 찍은 의문부인 것을

物神時代 · 168

이보시게 젊은이, 그리 서둘다 넘어지면 느리감만 못하거니
발로 걷는길, 이마로 걷는 길, 가슴으로 걷는 길이 다르지않느니
서둘지 않고 더디 내딛은 이 늙은이의 행보도 이리 멀리 왔거니

物神時代 · 169

아내의 말인즉 웬 손톱, 발톱, 머리털이 그리 잘 자라느냐며
지하 동굴 생활이라서 짐승을 닮아가는 모양이란다
닮아간다고? 히히, 모양만 아닌 생각도 짐승스런 생각만 한다고

物神時代 · 170

내 사무실은 지하라 여름엔 시원하고 겨울에 따뜻하다
소의로 냉, 난방기기 없이 옷으로 체온을 조절하며 산다
문명의 이 역행, 그래도 원시의 체온 그리워 한다

物神時代 · 171

살기 싫어 스스로 끊는 목숨 탓할 수도, 막을 수도 없지만
OECD 국가 중 자살율 1위라니 1등이 어디 그리 쉬운건가
헌데 어쩌지, 산 꼴찌만도 못한 1등이어서

物神時代 · 172

공자님 일찍이 末知生, 焉知死라 했던가
삶도 모르면서 어찌 죽음을 안다하겠느냔 말씀인데
요즘사람들 생각 달라, 자살도 미학으로 가르치고 배우거든

物神時代 · 173

세종대왕 일갈왈, 앞으로 세종운운하는자 삼족을 멸하리라
귀가 따가워 들을 수 없으니 함구하라
자유민주시대에 어명이라뇨, 허긴 어명 통한 나라도 있지

物神時代 · 174

여 : 어명이요, 세종시 수정하랍신다
야 : 어명이요, 세종시 수정 불가랍신다
국민 : 국명이요, 국민에게 물어보고 결정하랍신다

物神時代 · 175

찡찡찡 얼음장에 금가는 소리
어찌하여 과열의 열기가 냉각의 얼음을 얼게 하는지
자연의 순리 삼동과는 달리 역리의 정치 계절에선 그래

物神時代 · 176

얼었다간 풀리고, 풀렸다간 다시 얼고
얼어 금가고, 금가 쨍쨍 깨어지는 것이 정치 계절의 풍속
한번도 해동 없이 살았던 백성들 겨우살이, 아 그리워라 봄

物神時代 · 177

딸랑딸랑 자선남비 종소리가 동그라미를 그려나간다
100원, 1000원, 10000원짜리 액면도 그려나간다
동그라미바퀴삼아 굴리는 딸랑딸랑 사랑열차 기적 소리

物神時代 · 178

105개국 세계 기후회의, 지구온난화 막기 위해 모였지만
가스배출 억제 미국 4%에 중국은 그 10배인 40% 제시
그러다 자연재해 닥치면 G2 높은 콧대 납작코 될텐데

物神時代 · 179

OECD 국가 중 가장 책을 많이 찍어내는 나라가 코리아
많이 찍어내고도 책 읽기엔 꼴찌가 또한 코리아
으뜸인지도 꼴찌인지도 모르고 꼴값하는 꼬리아

物神時代 · 180

가난이 자랑도 아니지만 부끄러움도 아니지
자랑도 부끄러움도 아닌 것이 뭐더라
소박 · 겸손 · 평범 · 재산 삼아 부자로 사는 것

物神時代 · 181

바늘끝이나 가시에만 찔려도 육신은 피흘리며 아파한다
이에 비해 칼에 찔려도 아파하거나 피한방울 안흘리는 양심
에이 불량한 양심이란 놈아, 육신에게 정직 좀 배워라

物神時代 · 182

의리도, 체면도, 염치도 저당 잡힌 지 이미 오래
돌이든, 똥이든, 금이든, 닥치는 대로 처먹고도 탈 없는
식성좋은 놈들이 풍기는 트림질에 성한 코론 살기 힘든 세상

物神時代 · 183

말보다 행동 앞세우며 거들먹거리는 놈들이 판치는 세상
행동보다 말앞세우며 입방아찧기 좋아하는놈들이 판치는 세상
놈들 등살에 님이 살 곳 잃고 님 그리며 사는 세상

物神時代 · 184

물신, 걸신, 정신의 삼신시대
예배당을 지을까, 절을 지을까, 아니면 빌딩을 지을까
잘만하면 교주노릇해볼만한 세상, 백수 분수에 교주면 어디여

物神時代 · 185

칠순 늙은이들도 데이트에 춤에 그짓까지 즐긴다데
인생은 70부터라던데 그게 무슨 흉이여
잘못 아니니 실컷 즐기시게나, 단 나이 값은 하면서

物神時代 · 186

물신의 잣대나 정신의 잣대엔 국제 표준치가 없다
재는 법도 읽는 법도 들이대는 법도 다르기 때문이다
헌데 옳다거니 그르다거니 잣대탓만 해싼다

物神時代 · 187

겨울이 석달이어서 三冬이라 했던 옛분들 말씀 구식이다
신식으론 눈으로 울타리치고 경제불황 한파로 겹울타리 치고
거기에 정치 얼음띠 또 둘렀으니 그게 三冬이지

物神時代 · 188

강물은 퍼낼수록 바다로 돌아가 몸섞어 하나가 된다
사랑도 퍼내면 퍼낼수록 새로 솟아 채워지기 마련이다
다만 퍼낼수록 드러내는 바닥, 생은 채울 수 없는 허비가 된다

物神時代 · 189

찬물로 세수를 하면 얼굴 주름이 없어진다는 아내의 말
거꾸로 풀면 더운물 세수는 늙음을 재촉한다는 이치
늙기도 서러운데 찬물 신세도 못 면하고 사는 게 억울해서

物神時代 · 190

시린 가슴과 구멍 뚫린 허한 가슴으로 앓는 한기
벽난로나, 가스보일러, 전열기로는 덥힐 수 없는
오직 따뜻한 체온만이 녹일수 있는 원시의 한기 벗하며 산다

物神時代 · 191

내가 걸친 대부분의 옷들은 트레이드마크가 길표다
옷걸이 괜찮은 덕분인지 상표가 뭐냐고 묻는다
길표하면 그런것도 있느냐다, 암 있고 말고 길에서 샀으니 길표지

物神時代 · 192

소줏잔에 사랑을 타마셔보면 안다, 영육이 마취된다는 것을
노을이나 달을 타 마셔도 매한가지
몰랐었네, 주도 18% 소주 속에 마취제가 섞여 있다는 걸

物神時代 · 193

삼한사온은 체감으로 척도된 옛분들 일기예보
신식척도엔 한 계절 밖엔 없어
꽁꽁 얼어붙어 해동을 모르는 三冬의 정치 계절

物神時代 · 194

박지성 · 박주영의 골은 오 코리아
OECD국중 환경 평가 맨 꼴찌의 꼴은 어이쿠 코리아
둘 다 골은 골이다마는 뒤엣 꼴은 노꼴만도 못해서

物神時代 · 195

물도 썩고, 흙도 썩고, 공기도 바람도, 정신도 썩고
썩고 썩고 또 썩어 물씬물씬 썩어가니 物神시대지
썩을수록 핏대 세우며 살아나는 섹섹섹 거시기

物神時代 · 196

物神 · 乞神으로도 부족해 실신까지
失身으로도 부족해 失神까지
누가 외쳐다오, 그래도 신은 살아 있다고

物神時代 · 197

스스로를 바보자처하고 살다간 이도 있고
스스로를 미친놈 자처하고 살아가는 광인도 있지
바보와 광인, 당신은 어느 쪽으로 살아가는가

物神時代 · 198

세 종소리가 울림이 각각 다르다
땡 : 수정해, 땡 : 원안고수해, 땡 : 포기해
땡땡땡, 시끄러워 못 살겠다

物神時代 · 199

무기판매로 불편해진 中美, 달라이라마 초청놓고 더 불편
헌데 말이지, 달라이라마가 큰 바다와 승자란 뜻이라니
불편하면 한판 붙어봐, 달라이라마 누구 차진지

物神時代 · 200

됴타 됴타 꼴 됴타
뭐가 그리 좋은건데
도요타 니꼴

物神時代 · 201

차 한잔해요, 싫다, 실으시면 술 한잔 해요, 싫다니까
그럼 영화관에 가요, 싫다니까, 화자 빼면 모를까
빼면, 영관? 여관? 싫다의 반대말이 이러했구나

物神時代 · 202

국가 채무 36% 놓고 걱정없다는 정부와
정부와는 달리 증가일로에 있는게 프로테지의 실제
OECD국중 중간쯤이라지만 꼴찌가 한두개가 아니어서

物神時代 · 203

옛 우리 말에 즐겨쓰던 쌍말 '썩을 놈'이란 말 있었지
썩을 때 썩더라도 썩지는 않았던 모양인데
어쩌지, 말이 씨된다고 요즘엔 썩어도 물씬물씬 푹 썩어서

物神時代 · 204

우리 욕설에 벼락맞고 되질 놈, 급사 · 오사할 놈,
쌩뚱 내지르다 되질 놈, 사사할 놈 등 쌍말, 막말 있었지
욕할 것 없어, 눈 뺀히 뜨고도 되질놈으로 살아가는 세상이니까

物神時代 · 205

까짓 강도쯤이야 집안 살림 털리면 그만이지만
강도파동당 지진계의 눈금으로 6~7도는 넘게보던데
그러다 금가면 갈라져 쪼개지면 한나라 두나라돼서

物神時代 · 206

20C적 삶속의 죽음은 사치스런 지적 죽음
21C는 物神에 피살된 죽음 속의 삶
목하 지구촌은 고려장 신세 못면한 거대한 공동묘지다

物神時代 · 207

공자왈, 호전가는 반드시 적을 만난다 했던가
말씀대로라면 강도는 강도를 만나다는 이치
그렇구나, 어느 당사에 뜸금없이 웬 강도인가 했더니

物神時代 · 208

OECD 국가 중 환경평가 꼴찌에 복지지원 평가도 꼴찌
등위 매겼다 하면 꼴찌신세 못면하는 코리아
허나 꼴찌는 아무나 하나, 그것도 하나도 아닌 둘씩이나

物神時代 · 209

OECD 국가중 환경평가와 복지투자가 각각 꼴찌라던데
꼴찌와 꼴찌가 이어지면 뭐게?
꼬리, 꼬레, 꼬리아, 귀에 익은 말이네

物神時代 · 210

세종시 놓고 여야는 물론, 여여까지 대립각 세워
서로 힘자랑 하는 걸 보면 영락없는 칡소싸움
牛踏不破라 했던가, 글쎄 발 아닌 뿔로 받았으니 깨지지않을지

物神時代 · 211

인기가수 노래가 끝나자 아우성이 박수 삼켜 버려
청중중 한사람 왈, 왜 저리 소리치고 야단이죠?
잘하니까 그러죠, 나는 시끄러워 물러가라 소리친줄 알았는데

物神時代 · 212

여야에 여여까지 갑론 을박으로 여의도가 시끌시끌
묘안 없으면 본디대로 따르든지, 관두면 될 것을
요리법도 못 익힌 손에 식칼 쥐어 준다고 요리상 차려지나

物神時代 ·213

당은 한나라인데 목소리는 둘이고
당은 민주인데 주민은 외면하고
그꼴에 同黨伐異 즐기니 나라꼴이 이모양이지

* 동당벌이(同黨伐異) : 끼리끼리는 한데 뭉쳐 돕고, 다른 동아리는 배척한다는 말.

物神時代 · 214

일병 장수, 무병 단명, 요즘 건강진단법이 그래 병든 세상벗하고 사는 연고로 단명 면하고 사네마는 이러다 합병증 병발해 장수하면 아니 삶만 못한 것을

物神時代 · 215

문인들이 저항의 글쓰기를 결의 했다는데
글쎄, 결의에 묶이면 한 목소리 집체작 안될지
진작부터 북녘에서 있었던 일, 흉내나 아니었으면

物神時代 · 216

대법원장 말씀인즉 법관양심 상식에 통하면 된다던데
상식 통하면 법 안찾아도 저절로 해결 되거든
양심까지 동원할 것 뭐있겠나, 상식이 곧 법보다 먼전걸

物神時代 · 217

아프칸에서 미군 오폭으로 또 선량한 민간인 희생
눈에 띄는 건 죄다 적으로 보이는 걸까?
허긴 피속에 정복자의 피가 섞여 있어서

物神時代 · 218

상식으로 통하면 법 안찾지
법 찾을 필요 없어지면 양심또한 안 찾지
상식에도 못미치는, 상식 이하니까 법 · 양심 찾거든

物神時代 · 219

대통령 국정평가 잘했다가 44.2%, 못했다가 41.1%
막상막하, 정치란게 그래
上 뒤집으면 下되고, 下 뒤집으면 上 되거든

物神時代 · 220

세종시 놓고 탁상공론 못면한 집권 한나라당
한자 앞세워서일까, 한숨, 한심, 한탄도 못면해서
면할 수 있는 비법, 법만드는 국회에서도 못만드는모양

物神時代 · 221

한나라당 금가자 단결 단결
이 기회 놓칠세라 야당 결단 결단
국민들은 그게그거 아니냐며 쯧쯧 쯧쯧

物神時代 · 222

심증은 가는데 물증이 없다
물증 들이대도 억지에 시침떼기
용왕님네 그것들은 안잡아가고 앰한 수병만잡아갔소

物神時代 · 223

한 조각 빵과 한방울 물을 얻기 위해 벌이는 이전투구
이 틈새 노려 털도 안뜯고 통째 삼키려는 약육강식의 식성들
아이티는 목하 먹고 먹히는 동물왕국의 실제상황

物神時代 · 224

남북으로도 부족해 여야에 친이 친박에 민주에 신당까지
그뿐이면 좋게, 진보와 혁신, 검찰과 법원
이러다 지진보다 더 무서운 초메가톤급 감정지진 터질라

物神時代 · 225

천사는 맨발이다, 진데 밟아 때묻힐일 없느니
악마는 가죽신을 신고 있다, 죄의 구렁텅을 밟아야 하기에
맨발과 가죽신, 당신은 지금 어떤 발을 하고 있는가

物神時代 · 226

그의 수화기 발신음에선 항시 자장이 인다
일어, 칭칭동여맨 가슴의 동앗줄이 코일이 된다
감전돼 죽기를 자청하며 종일 기다리는 발신음

物神時代 · 227

남의 불행이용해 잇속 챙기는 직종에 장의사가 있지
지진 참사로 송장천지가된 아이티 돕겠다고 모여든 나라들
장의사 앞세워 정치 야욕 챙기며 배불리려는 꼴이라니

物神時代 · 228

나랏님은 입버릇처럼 일자리 창출 일자리 창출해 쌋는데
정작 직장에선 입버릇처럼 정리 해고 정리 해고 해싼다
헌데 어쩌나, 창출은 그림의 떡이고 해고로 苦海에 내던져지니

物神時代 · 229

物神중 물신은 阿賭物
아도물에 식상해 게워내는 신물
신물에 부식돼 문드러져 썩어가는 양심

物神時代 · 230

아이티 지진참사 틈타 저마다 다시는 입맛 각기 달라
달라달라 손내미는 구호품에 섞인 아편보다 강한 마약기
몰랐었구나, 救護 앞세운 口號 뒤에 숨긴 야욕이란 마약을

物神時代 · 231

세계에서 제일 가난한나라를 제일 부자나라가 군침다신다
널려 있는 건 송장뿐, 눈 씻고 봐도 취할 것이란 없는데
그게 아니었구나, 부자나라 눈만이 볼 수 있는게 따로 있었구나

物神時代 · 232

눈으로 하는 말, 손 · 발 · 머리 · 몸짓으로 하는 말
몰랐었구나, 원시의 이 無聲語가 만인의 언어였다는 걸
꼬부랑말이 판치는 세상에 혀안굴려도 통하는 말이 있다는 걸

物神時代 · 233

5공땐 나라 시끄러우면 간첩체포 내세워 국면전환했었지
그때가 언제적인데 그 술수 지금도 통하나 봐
세종시 들끓는 여론 틈타 슬그머니 4대강 물고 빼돌렸잖아

物神時代 · 234

국제 환경평가 OECD국 중 코리아 맨 꼴찌
꼴찌가 뭐 그리 좋은 거라고 북녘은 세계 꼴찌
나란히 꼴에 꼴값 했으니 이름값 했네, 꼴, 꼬레, 꼬레아

物神時代 · 235

한국 교육 열기를 광기라고 영국 언론이 혹평했던데
열기와 광기가 다르단건 꼬부랑말엔 없나
꼬부랑이들 척도론 열기가 광기로 보였다니 쯧쯧쯧

物神時代 · 236

철의 장막, 죽의 장막은 옛말, 지금은 인의 장막시대
여로 울타리친 야 지역장, 야로 울타리친 여 지역장이 그래
감옥이 따로 있나, 담없는 사면초가가 감옥인 것을

박진환 시인은 전남 해남 출신으로 동국대 국문학과를 거쳐 중앙대 대학원을 졸업(문학박사)했다. 1960년 동아일보 신춘문예(詩)·1963년 自由文學(문학평론)으로 문단에 데뷔했고, 국제PEN 한국본부 사무국장 및 이사를 역임했다. 제9회 시문학상, 제3회 비평문학상, 펜문학상, 윤동주문학상 등을 수상했으며 한서대학교 교수 및 예술대학원장을 역임했다, 현재 월간 『조선문학』 발행인 겸 주간으로 있다. 중요 저서로는 시집에 『귀로』, 『사랑법』, 『꽃시집』, 『三行詩抄』 Ⅰ~Ⅺ 『諷詩調』, 『박진환시전집 Ⅰ·Ⅱ·Ⅲ』 등 31권의 시집이 있고 평론집으로는 『한국현대시인론』, 『현대시론』, 『21C시학과 시법』 등 다수와 『한국시의 공간구조연구』, 『21C 시학』, 『시창작론』 외 다수의 역저가 있다.

조선문학시인선·293

諷詩調·13

物神時代·Ⅱ

2011년 6월 20일 인쇄
2011년 6월 30일 발행

지은이 / 박진환
발행인 / 박진환
펴낸곳 / 조선문학사
등록번호 / 1-2733
주소 / 110-092 서울 서대문구 홍제2동 96-4
대표전화 / 730-2255
팩스 / 723-9373

ISBN 89-93614-59-6

정가 8,000원